일본어 쓰기교본

기초일본어를 쉽게 배울수 있는…

자연스러운 마음으로 긴장하거나 흥분하는 일이 없도록
항상 평안을 유지해야 바르고 예쁘게 글을 쓸 수 있습니다.

편 집 부 엮음

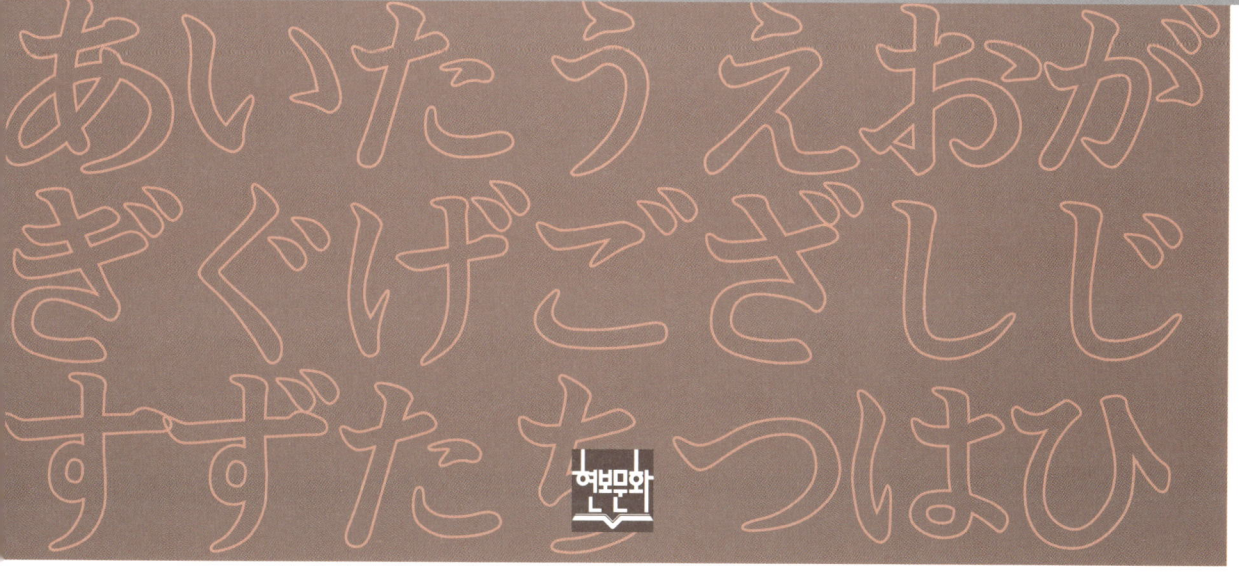

五十音図

(히라가나) ひらがな					(가따가나) カタカナ				
아	이	우	에	오	아	이	우	에	오
あ	い	う	え	お	ア	イ	ウ	エ	オ
a	i	u	e	o	a	i	u	e	o
가	기	구	게	고	가	기	구	게	고
か	き	く	け	こ	カ	キ	ク	ケ	コ
ka	ki	ku	ke	ko	ka	ki	ku	ke	ko
사	시	스	세	소	사	시	스	세	소
さ	し	す	せ	そ	サ	シ	ス	セ	ソ
sa	si	su	se	so	sa	si	su	se	so
다	찌	쯔	데	도	다	찌	쯔	데	도
た	ち	つ	て	と	タ	チ	ツ	テ	ト
ta	chi	tsu	te	to	ta	chi	tsu	te	to
나	니	누	네	노	나	니	누	네	노
な	に	ぬ	ね	の	ナ	ニ	ヌ	ネ	ノ
na	ni	nu	ne	no	na	ni	nu	ne	no
하	히	후	헤	호	하	히	후	헤	호
は	ひ	ふ	へ	ほ	ハ	ヒ	フ	ヘ	ホ
ha	hi	hu	he	ho	ha	hi	hu	he	ho
마	미	무	메	모	마	미	무	메	모
ま	み	む	め	も	マ	ミ	ム	メ	モ
ma	mi	mu	me	mo	ma	mi	mu	me	mo
야	이	유	에	요	야	이	유	에	요
や	(い)	ゆ	(え)	よ	ヤ	(イ)	ユ	(エ)	ヨ
ya	i	yu	e	yo	ya	i	yu	e	ye
라	리	루	레	로	라	리	루	레	개
ら	り	る	れ	ろ	ラ	リ	ル	レ	ロ
ra	ri	ru	re	ro	ra	ri	ru	re	오
와	이	우	에	오	와	이	우	에	오
わ	(い)	ら	(え)	を	ワ	(イ)	ウ	(エ)	ヲ
wa	i	u	e	o	wa	i	u	e	o
ん	응				ン	응			

◆ 다음 ひらがな(淸音)를 연한 글씨 위에 필순에 따라 바르게 덮어 써 봅시다.

あ	い	う	え	お
아[a]	이[i]	우[u]	에[e]	오[o]
あ あ	い い	う う	え え	お お
あ あ	い い	う う	え え	お お
あ あ	い い	う う	え え	お お
あ あ	い い	う う	え え	お お

か	き	く	け	こ
가[ka]	기[ki]	구[ku]	게[ke]	고[ko]
か か	き き	く く	け け	こ こ
か か	き き	く く	け け	こ こ
か か	き き	く く	け け	こ こ
か か	き き	く く	け け	こ こ

◆ 빈칸에 앞장에서 배운 ひらがな(清音)를 필순에 따라 바르게 써 봅시다.

あ	あ	い	い	う	う	え	え	お	お
あ	あ	い	い	う	う	え	え	お	お
か	か	き	き	く	く	け	け	こ	こ
か	か	き	き	く	く	け	け	こ	こ

◆ 다음 ひらがな(淸音)를 연한 글씨 위에 필순에 따라 바르게 덮어 써 봅시다.

さ	し	す	せ	そ
사[sa]	시[si]	스[su]	세[se]	소[so]
さ　さ	し　し	す　す	せ　せ	そ　そ
さ　さ	し　し	す　す	せ　せ	そ　そ
さ　さ	し　し	す　す	せ　せ	そ　そ
さ　さ	し　し	す　す	せ　せ	そ　そ

た	ち	つ	て	と
다[ta]	찌[chi]	쯔[tsu]	데[te]	도[to]
た　た	ち　ち	つ　つ	て　て	と　と
た　た	ち　ち	つ　つ	て　て	と　と
た　た	ち　ち	つ　つ	て　て	と　と
た　た	ち　ち	つ　つ	て　て	と　と

◆ 빈칸에 앞장에서 배운 ひらがな(淸音)를 필순에 따라 바르게 써 봅시다.

さ	さ	し	し	す	す	せ	せ	そ	そ
さ	さ	し	し	す	す	せ	せ	そ	そ
た	た	ち	ち	つ	つ	て	て	と	と
た	た	ち	ち	つ	つ	て	て	と	と

◆ 다음 ひらがな(淸音)를 연한 글씨 위에 필순에 따라 바르게 덮어 써 봅시다.

な	に	ぬ	ね	の
나[na]	니[ni]	누[nu]	네[ne]	노[no]
な な	に に	ぬ ぬ	ね ね	の の
な な	に に	ぬ ぬ	ね ね	の の
な な	に に	ぬ ぬ	ね ね	の の
な な	に に	ぬ ぬ	ね ね	の の

は	ひ	ふ	へ	ほ
하[ha]	히[hi]	후[hu]	헤[he]	호[ho]
は は	ひ ひ	ふ ふ	へ へ	ほ ほ
は は	ひ ひ	ふ ふ	へ へ	ほ ほ
は は	ひ ひ	ふ ふ	へ へ	ほ ほ
は は	ひ ひ	ふ ふ	へ へ	ほ ほ

◆ 빈칸에 앞장에서 배운 ひらがな(清音)를 필순에 따라 바르게 써 봅시다.

な	な	に	に	ぬ	ぬ	ね	ね	の	の
な	な	に	に	ぬ	ぬ	ね	ね	の	の
は	は	ひ	ひ	ふ	ふ	へ	へ	ほ	ほ
は	は	ひ	ひ	ふ	ふ	へ	へ	ほ	ほ

◆ 다음 ひらがな(清音)를 연한 글씨 위에 필순에 따라 바르게 덮어 써 봅시다.

ま	み	む	め	も
마[ma]	미[mi]	무[mu]	메[me]	모[mo]
ま ま	み み	む む	め め	も も
ま ま	み み	む む	め め	も も
ま ま	み み	む む	め め	も も
ま ま	み み	む む	め め	も も

や	い	ゆ	え	よ
야[ya]	이[i]	유[yu]	에[e]	요[yo]
や や	い い	ゆ ゆ	え え	よ よ
や や	い い	ゆ ゆ	え え	よ よ
や や	い い	ゆ ゆ	え え	よ よ
や や	い い	ゆ ゆ	え え	よ よ

◆ 빈칸에 앞장에서 배운 ひらがな(清音)를 필순에 따라 바르게 써 봅시다.

ま	ま	み	み	む	む	め	め	も	も
ま	ま	み	み	む	む	め	め	も	も
や	や	い	い	ゆ	ゆ	え	え	よ	よ
や	や	い	い	ゆ	ゆ	え	え	よ	よ

◆ 다음 ひらがな(淸音)를 연한 글씨 위에 필순에 따라 바르게 덮어 써 봅시다.

ら	り	る	れ	ろ
라[ra]	리[ri]	루[ru]	레[re]	로[ro]
ら ら	り り	る る	れ れ	ろ ろ
ら ら	り り	る る	れ れ	ろ ろ
ら ら	り り	る る	れ れ	ろ ろ
ら ら	り り	る る	れ れ	ろ ろ

わ	ゐ	ゑ	を	ん
와[wa]	이[i]	에[e]	오[o]	응[n]
わ わ	ゐ ゐ	ゑ ゑ	を を	ん ん
わ わ	ゐ ゐ	ゑ ゑ	を を	ん ん
わ わ	ゐ ゐ	ゑ ゑ	を を	ん ん
わ わ	ゐ ゐ	ゑ ゑ	を を	ん ん

◆ 빈칸에 앞장에서 배운 ひらがな(清音)를 필순에 따라 바르게 써 봅시다.

ら	ら	り	り	る	る	れ	れ	ろ	ろ
ら	ら	り	り	る	る	れ	れ	ろ	ろ
わ	わ	ゐ	ゐ	ゑ	ゑ	を	を	ん	ん
わ	わ	ゐ	ゐ	ゑ	ゑ	を	を	ん	ん

◆ 다음 ひらがな(清音)를 연한 글씨 위에 필순에 따라 바르게 덮어 써 봅시다.

が	ぎ	ぐ	げ	ご
가[ga]	기[gi]	구[gu]	게[ge]	고[go]
が が	ぎ ぎ	ぐ ぐ	げ げ	ご ご
が が	ぎ ぎ	ぐ ぐ	げ げ	ご ご
が が	ぎ ぎ	ぐ ぐ	げ げ	ご ご
が が	ぎ ぎ	ぐ ぐ	げ げ	ご ご

ざ	じ	ず	ぜ	ぞ
자[za]	지[zi]	즈[zu]	제[ze]	조[zo]
ざ ざ	じ じ	ず ず	ぜ ぜ	ぞ ぞ
ざ ざ	じ じ	ず ず	ぜ ぜ	ぞ ぞ
ざ ざ	じ じ	ず ず	ぜ ぜ	ぞ ぞ
ざ ざ	じ じ	ず ず	ぜ ぜ	ぞ ぞ

◆ 빈칸에 앞장에서 배운 ひらがな(清音)를 필순에 따라 바르게 써 봅시다.

が	が	ぎ	ぎ	ぐ	ぐ	げ	げ	ご	ご
が	が	ぎ	ぎ	ぐ	ぐ	げ	げ	ご	ご
ざ	ざ	じ	じ	ず	ず	ぜ	ぜ	ぞ	ぞ
ざ	ざ	じ	じ	ず	ず	ぜ	ぜ	ぞ	ぞ

◆ 다음 ひらがな(清音)를 연한 글씨 위에 필순에 따라 바르게 덮어 써 봅시다.

だ	ぢ	づ	で	ど
다[da]	지[zi]	즈[zu]	데[de]	도[do]
だ だ	ぢ ぢ	づ づ	で で	ど ど
だ だ	ぢ ぢ	づ づ	で で	ど ど
だ だ	ぢ ぢ	づ づ	で で	ど ど
だ だ	ぢ ぢ	づ づ	で で	ど ど

ば	び	ぶ	べ	ぼ
바[ba]	비[bi]	부[bu]	베[be]	보[bo]
ば ば	び び	ぶ ぶ	べ べ	ぼ ぼ
ば ば	び び	ぶ ぶ	べ べ	ぼ ぼ
ば ば	び び	ぶ ぶ	べ べ	ぼ ぼ
ば ば	び び	ぶ ぶ	べ べ	ぼ ぼ

◆ 빈칸에 앞장에서 배운 ひらがな(淸音)를 필순에 따라 바르게 써 봅시다.

だ	だ	ぢ	ぢ	づ	づ	で	で	ど	ど
だ	だ	ぢ	ぢ	づ	づ	で	で	ど	ど
ば	ば	び	び	ぶ	ぶ	べ	べ	ぼ	ぼ
ば	ば	び	び	ぶ	ぶ	べ	べ	ぼ	ぼ

◆ 다음 カタカナ(清音)를 연한 글씨 위에 필순에 따라 바르게 덮어 써 봅시다.

ぱ	ぴ	ぷ	ぺ	ぽ
빠[pa]	삐[pi]	뿌[pu]	뻬[pe]	뽀[po]
ぱ ぱ	ぴ ぴ	ぷ ぷ	ぺ ぺ	ぽ ぽ
ぱ ぱ	ぴ ぴ	ぷ ぷ	ぺ ぺ	ぽ ぽ
ぱ ぱ	ぴ ぴ	ぷ ぷ	ぺ ぺ	ぽ ぽ
ぱ ぱ	ぴ ぴ	ぷ ぷ	ぺ ぺ	ぽ ぽ

ア	イ	ウ	エ	オ
아[a]	이[i]	우[u]	에[e]	오[o]
ア ア	イ イ	ウ ウ	エ エ	オ オ
ア ア	イ イ	ウ ウ	エ エ	オ オ
ア ア	イ イ	ウ ウ	エ エ	オ オ
ア ア	イ イ	ウ ウ	エ エ	オ オ

◆ 빈칸에 앞장에서 배운 ひらがな(清音)를 필순에 따라 바르게 써 봅시다.

ぱ	ぱ	ぴ	ぴ	ぷ	ぷ	ぺ	ぺ	ぽ	ぽ
ぱ	ぱ	ぴ	ぴ	ぷ	ぷ	ぺ	ぺ	ぽ	ぽ
ア	ア	イ	イ	ウ	ウ	エ	エ	オ	オ
ア	ア	イ	イ	ウ	ウ	エ	エ	オ	オ

◆ 다음 カタカナ(清音)를 연한 글씨 위에 필순에 따라 바르게 덮어 써 봅시다.

カ	キ	ク	ケ	コ
가[ka]	기[ki]	구[ku]	게[ke]	고[ko]

サ	シ	ス	セ	ソ
사[sa]	시[si]	스[su]	세[se]	소[so]

◆ 빈칸에 앞장에서 배운 ひらがな(淸音)를 필순에 따라 바르게 써 봅시다.

カ	カ	キ	キ	ク	ク	ケ	ケ	コ	コ
カ	カ	キ	キ	ク	ク	ケ	ケ	コ	コ
サ	サ	シ	シ	ス	ス	セ	セ	ソ	ソ
サ	サ	シ	シ	ス	ス	セ	セ	ソ	ソ

◆ 다음 カタカナ(清音)를 연한 글씨 위에 필순에 따라 바르게 덮어 써 봅시다.

タ	チ	ツ	テ	ト
다[ta]	찌[chi]	쯔[tsu]	데[te]	도[to]
タ タ	チ チ	ツ ツ	テ テ	ト ト
タ タ	チ チ	ツ ツ	テ テ	ト ト
タ タ	チ チ	ツ ツ	テ テ	ト ト
タ タ	チ チ	ツ ツ	テ テ	ト ト

ナ	ニ	ヌ	ネ	ノ
나[na]	니[ni]	누[nu]	네[ne]	노[no]
ナ ナ	ニ ニ	ヌ ヌ	ネ ネ	ノ ノ
ナ ナ	ニ ニ	ヌ ヌ	ネ ネ	ノ ノ
ナ ナ	ニ ニ	ヌ ヌ	ネ ネ	ノ ノ
ナ ナ	ニ ニ	ヌ ヌ	ネ ネ	ノ ノ

◆ 빈칸에 앞장에서 배운 ひらがな(清音)를 필순에 따라 바르게 써 봅시다.

タ	タ	チ	チ	ツ	ツ	テ	テ	ト	ト
タ	タ	チ	チ	ツ	ツ	テ	テ	ト	ト
ナ	ナ	ニ	ニ	ヌ	ヌ	ネ	ネ	ノ	ノ
ナ	ナ	ニ	ニ	ヌ	ヌ	ネ	ネ	ノ	ノ

◆ 다음 カタカナ(清音)를 연한 글씨 위에 필순에 따라 바르게 덮어 써 봅시다.

ハ	ヒ	フ	ヘ	ホ
하[ha]	히[hi]	후[hu]	헤[he]	호[ho]
ハ ハ	ヒ ヒ	フ フ	ヘ ヘ	ホ ホ
ハ ハ	ヒ ヒ	フ フ	ヘ ヘ	ホ ホ
ハ ハ	ヒ ヒ	フ フ	ヘ ヘ	ホ ホ
ハ ハ	ヒ ヒ	フ フ	ヘ ヘ	ホ ホ

マ	ミ	ム	メ	モ
마[ma]	미[mi]	무[mu]	메[me]	모[mo]
マ マ	ミ ミ	ム ム	メ メ	モ モ
マ マ	ミ ミ	ム ム	メ メ	モ モ
マ マ	ミ ミ	ム ム	メ メ	モ モ
マ マ	ミ ミ	ム ム	メ メ	モ モ

◆ 빈칸에 앞장에서 배운 ひらがな(淸音)를 필순에 따라 바르게 써 봅시다.

ハ	ハ	ヒ	ヒ	フ	フ	ヘ	ヘ	ホ	ホ
ハ	ハ	ヒ	ヒ	フ	フ	ヘ	ヘ	ホ	ホ
マ	マ	ミ	ミ	ム	ム	メ	メ	モ	モ
マ	マ	ミ	ミ	ム	ム	メ	メ	モ	モ

◆ 다음 カタカナ(清音)를 연한 글씨 위에 필순에 따라 바르게 덮어 써 봅시다.

ヤ	イ	ユ	エ	ヨ
야[ya]	이[i]	유[yu]	에[e]	요[yo]
ヤ ヤ	イ イ	ユ ユ	エ エ	ヨ ヨ
ヤ ヤ	イ イ	ユ ユ	エ エ	ヨ ヨ
ヤ ヤ	イ イ	ユ ユ	エ エ	ヨ ヨ
ヤ ヤ	イ イ	ユ ユ	エ エ	ヨ ヨ

ラ	リ	ル	レ	ロ
라[ra]	리[ri]	루[ru]	레[re]	로[ro]
ラ ラ	リ リ	ル ル	レ レ	ロ ロ
ラ ラ	リ リ	ル ル	レ レ	ロ ロ
ラ ラ	リ リ	ル ル	レ レ	ロ ロ
ラ ラ	リ リ	ル ル	レ レ	ロ ロ

◆ 빈칸에 앞장에서 배운 ひらがな(淸音)를 필순에 따라 바르게 써 봅시다.

ヤ	ヤ	イ	イ	ユ	ユ	エ	エ	ヨ	ヨ
ヤ	ヤ	イ	イ	ユ	ユ	エ	エ	ヨ	ヨ

ラ	ラ	リ	リ	ル	ル	レ	レ	ロ	ロ
ラ	ラ	リ	リ	ル	ル	レ	レ	ロ	ロ

◆ 다음 カタカナ(清音)를 연한 글씨 위에 필순에 따라 바르게 덮어 써 봅시다.

ワ	キ	エ	ヲ	ン
와[wa]	이[i]	에[u]	오[o]	응[n]

ガ	ギ	グ	ゲ	ゴ
가[ga]	기[gi]	구[gu]	게[ge]	고[go]

◆ 빈칸에 앞장에서 배운 ひらがな(淸音)를 필순에 따라 바르게 써 봅시다.

ワ	ワ	ヰ	ヰ	ヱ	ヱ	ヲ	ヲ	ン	ン
ワ	ワ	ヰ	ヰ	ヱ	ヱ	ヲ	ヲ	ン	ン
ガ	ガ	ギ	ギ	グ	グ	ゲ	ゲ	ゴ	ゴ
ガ	ガ	ギ	ギ	グ	グ	ゲ	ゲ	ゴ	ゴ

◆ 다음 カタカナ(清音)를 연한 글씨 위에 필순에 따라 바르게 덮어 써 봅시다.

ザ	ジ	ズ	ゼ	ゾ
자[za]	지[zi]	즈[zu]	제[ze]	조[zo]
ザ ザ	ジ ジ	ズ ズ	ゼ ゼ	ゾ ゾ
ザ ザ	ジ ジ	ズ ズ	ゼ ゼ	ゾ ゾ
ザ ザ	ジ ジ	ズ ズ	ゼ ゼ	ゾ ゾ
ザ ザ	ジ ジ	ズ ズ	ゼ ゼ	ゾ ゾ

ダ	ヂ	ヅ	デ	ド
다[da]	지[zi]	즈[zu]	데[de]	도[do]
ダ ダ	ヂ ヂ	ヅ ヅ	デ デ	ド ド
ダ ダ	ヂ ヂ	ヅ ヅ	デ デ	ド ド
ダ ダ	ヂ ヂ	ヅ ヅ	デ デ	ド ド
ダ ダ	ヂ ヂ	ヅ ヅ	デ デ	ド ド

◆ 빈칸에 앞장에서 배운 ひらがな(淸音)를 필순에 따라 바르게 써 봅시다.

ザ	ザ	ジ	ジ	ズ	ズ	ゼ	ゼ	ゾ	ゾ
ザ	ザ	ジ	ジ	ズ	ズ	ゼ	ゼ	ゾ	ゾ
ダ	ダ	ヂ	ヂ	ヅ	ヅ	デ	デ	ド	ド
ダ	ダ	ヂ	ヂ	ヅ	ヅ	デ	デ	ド	ド

◆ 다음 カタカナ를 연한 글씨 위에 필순에 따라 바르게 덮어 써 봅시다.

バ	ビ	ブ	ベ	ボ
바[ba]	비[bi]	부[bu]	베[be]	보[bo]
バ バ	ビ ビ	ブ ブ	ベ ベ	ボ ボ
バ バ	ビ ビ	ブ ブ	ベ ベ	ボ ボ
バ バ	ビ ビ	ブ ブ	ベ ベ	ボ ボ
バ バ	ビ ビ	ブ ブ	ベ ベ	ボ ボ

パ	ピ	プ	ペ	ポ
빠[pa]	삐[pi]	뿌[pu]	뻬[pe]	뽀[po]
パ パ	ピ ピ	プ プ	ペ ペ	ポ ポ
パ パ	ピ ピ	プ プ	ペ ペ	ポ ポ
パ パ	ピ ピ	プ プ	ペ ペ	ポ ポ
パ パ	ピ ピ	プ プ	ペ ペ	ポ ポ

◆ 빈칸에 앞장에서 배운 ひらがな(淸音)를 필순에 따라 바르게 써 봅시다.

バ	バ	ビ	ビ	ブ	ブ	ベ	ベ	ボ	ボ
バ	バ	ビ	ビ	ブ	ブ	ベ	ベ	ボ	ボ
パ	パ	ピ	ピ	プ	プ	ペ	ペ	ポ	ポ
パ	パ	ピ	ピ	プ	プ	ペ	ペ	ポ	ポ

◆ 필순에 따라 바르고 예쁘게 써 봅시다.

しゃ	しゅ	しょ	シャ	シュ	ショ
샤[sya]	슈[syu]	쇼[syo]	샤[sya]	슈[syu]	쇼[syo]
しゃ	しゅ	しょ	シャ	シュ	ショ
しゃ	しゅ	しょ	シャ	シュ	ショ
しゃ	しゅ	しょ	シャ	シュ	ショ
しゃ	しゅ	しょ	シャ	シュ	ショ
しゃ	しゅ	しょ	シャ	シュ	ショ
しゃ	しゅ	しょ	シャ	シュ	ショ
しゃ	しゅ	しょ	シャ	シュ	ショ

◆ 필순에 따라 바르고 예쁘게 써 봅시다.

ちゃ	ちゅ	ちょ	チャ	チュ	チョ
쨔[tya]	쮸[tyu]	쬬[chyo]	쨔[tya]	쮸[tyu]	쬬[chyo]
ちゃ	ちゅ	ちょ	チャ	チュ	チョ
ちゃ	ちゅ	ちょ	チャ	チュ	チョ
ちゃ	ちゅ	ちょ	チャ	チュ	チョ
ちゃ	ちゅ	ちょ	チャ	チュ	チョ
ちゃ	ちゅ	ちょ	チャ	チュ	チョ
ちゃ	ちゅ	ちょ	チャ	チュ	チョ
ちゃ	ちゅ	ちょ	チャ	チュ	チョ

◆ 필순에 따라 바르고 예쁘게 써 봅시다.

にゃ	にゅ	にょ	ニャ	ニュ	ニョ
냐[nya]	뉴[nyu]	뇨[nyo]	냐[nya]	뉴[nyu]	뇨[nyo]
にゃ	にゅ	にょ	ニャ	ニュ	ニョ
にゃ	にゅ	にょ	ニャ	ニュ	ニョ
にゃ	にゅ	にょ	ニャ	ニュ	ニョ
にゃ	にゅ	にょ	ニャ	ニュ	ニョ
にゃ	にゅ	にょ	ニャ	ニュ	ニョ
にゃ	にゅ	にょ	ニャ	ニュ	ニョ
にゃ	にゅ	にょ	ニャ	ニュ	ニョ

◆ 필순에 따라 바르고 예쁘게 써 봅시다.

ひゃ	ひゅ	ひょ	ヒャ	ヒユ	ヒョ
햐[hya]	휴[hyu]	효[hyo]	햐[hya]	휴[hyu]	효[hyo]
ひゃ	ひゅ	ひょ	ヒャ	ヒユ	ヒョ
ひゃ	ひゅ	ひょ	ヒャ	ヒユ	ヒョ
ひゃ	ひゅ	ひょ	ヒャ	ヒユ	ヒョ
ひゃ	ひゅ	ひょ	ヒャ	ヒユ	ヒョ
ひゃ	ひゅ	ひょ	ヒャ	ヒユ	ヒョ
ひゃ	ひゅ	ひょ	ヒャ	ヒユ	ヒョ
ひゃ	ひゅ	ひょ	ヒャ	ヒユ	ヒョ

◆ 필순에 따라 바르고 예쁘게 써 봅시다.

ぴゃ	ぴゅ	ぴょ	ピャ	ピュ	ピョ
뺘[pya]	쀼[pyu]	뾰[pyo]	뺘[pya]	쀼[pyu]	뾰[pyo]
ぴゃ	ぴゅ	ぴょ	ピャ	ピュ	ピョ
ぴゃ	ぴゅ	ぴょ	ピャ	ピュ	ピョ
ぴゃ	ぴゅ	ぴょ	ピャ	ピュ	ピョ
ぴゃ	ぴゅ	ぴょ	ピャ	ピュ	ピョ
ぴゃ	ぴゅ	ぴょ	ピャ	ピュ	ピョ
ぴゃ	ぴゅ	ぴょ	ピャ	ピュ	ピョ
ぴゃ	ぴゅ	ぴょ	ピャ	ピュ	ピョ

◆ 필순에 따라 바르고 예쁘게 써 봅시다.

きゃ	きゅ	きょ	キャ	キュ	キョ
꺄[kya]	뀨[kyu]	쿄[kyo]	꺄[kya]	뀨[kyu]	쿄[kyo]
きゃ	きゅ	きょ	キャ	キュ	キョ
きゃ	きゅ	きょ	キャ	キュ	キョ
きゃ	きゅ	きょ	キャ	キュ	キョ
きゃ	きゅ	きょ	キャ	キュ	キョ
きゃ	きゅ	きょ	キャ	キュ	キョ
きゃ	きゅ	きょ	キャ	キュ	キョ
きゃ	きゅ	きょ	キャ	キュ	キョ

◆ 필순에 따라 바르고 예쁘게 써 봅시다.

ぎゃ	ぎゅ	ぎょ	ギャ	ギュ	ギョ
갸[gya]	규[gyu]	교[gyo]	갸[gya]	규[gyu]	교[gyo]
ぎゃ	ぎゅ	ぎょ	ギャ	ギュ	ギョ
ぎゃ	ぎゅ	ぎょ	ギャ	ギュ	ギョ
ぎゃ	ぎゅ	ぎょ	ギャ	ギュ	ギョ
ぎゃ	ぎゅ	ぎょ	ギャ	ギュ	ギョ
ぎゃ	ぎゅ	ぎょ	ギャ	ギュ	ギョ
ぎゃ	ぎゅ	ぎょ	ギャ	ギュ	ギョ
ぎゃ	ぎゅ	ぎょ	ギャ	ギュ	ギョ

◆ 필순에 따라 바르고 예쁘게 써 봅시다.

じゃ	じゅ	じょ	ヅャ	ヅュ	ヅョ
쟈[zya]	쥬[zyu]	죠[zyo]	쟈[zya]	쥬[zyu]	죠[zyo]
じゃ	じゅ	じょ	ヅャ	ヅュ	ヅョ
じゃ	じゅ	じょ	ヅャ	ヅュ	ヅョ
じゃ	じゅ	じょ	ヅャ	ヅュ	ヅョ
じゃ	じゅ	じょ	ヅャ	ヅュ	ヅョ
じゃ	じゅ	じょ	ヅャ	ヅュ	ヅョ
じゃ	じゅ	じょ	ヅャ	ヅュ	ヅョ
じゃ	じゅ	じょ	ヅャ	ヅュ	ヅョ

◆ 필순에 따라 바르고 예쁘게 써 봅시다.

ぢゃ	ぢゅ	ぢょ	ヂャ	ヂュ	ヂョ
쟈[zya]	쥬[zyu]	죠[zyo]	쟈[zya]	쥬[zyu]	죠[zyo]
ぢゃ	ぢゅ	ぢょ	ヂャ	ヂュ	ヂョ
ぢゃ	ぢゅ	ぢょ	ヂャ	ヂュ	ヂョ
ぢゃ	ぢゅ	ぢょ	ヂャ	ヂュ	ヂョ
ぢゃ	ぢゅ	ぢょ	ヂャ	ヂュ	ヂョ
ぢゃ	ぢゅ	ぢょ	ヂャ	ヂュ	ヂョ
ぢゃ	ぢゅ	ぢょ	ヂャ	ヂュ	ヂョ
ぢゃ	ぢゅ	ぢょ	ヂャ	ヂュ	ヂョ

◆ 필순에 따라 바르고 예쁘게 써 봅시다.

びゃ	びゅ	びょ	ビャ	ビュ	ビョ
뱌[bya]	뷰[byu]	뵤[byo]	뱌[bya]	뷰[byu]	뵤[byo]
びゃ	びゅ	びょ	ビャ	ビュ	ビョ
びゃ	びゅ	びょ	ビャ	ビュ	ビョ
びゃ	びゅ	びょ	ビャ	ビュ	ビョ
びゃ	びゅ	びょ	ビャ	ビュ	ビョ
びゃ	びゅ	びょ	ビャ	ビュ	ビョ
びゃ	びゅ	びょ	ビャ	ビュ	ビョ
びゃ	びゅ	びょ	ビャ	ビュ	ビョ

◆ 필순에 따라 바르고 예쁘게 써 봅시다.

みゃ	みゅ	みょ	ミャ	ミュ	ミョ
먀[mya]	뮤[myu]	묘[myo]	먀[mya]	뮤[myu]	묘[myo]
みゃ	みゅ	みょ	ミャ	ミュ	ミョ
みゃ	みゅ	みょ	ミャ	ミュ	ミョ
みゃ	みゅ	みょ	ミャ	ミュ	ミョ
みゃ	みゅ	みょ	ミャ	ミュ	ミョ
みゃ	みゅ	みょ	ミャ	ミュ	ミョ
みゃ	みゅ	みょ	ミャ	ミュ	ミョ
みゃ	みゅ	みょ	ミャ	ミュ	ミョ

◆ 필순에 따라 바르고 예쁘게 써 봅시다.

りゃ	りゅ	りょ	リャ	リュ	リョ
랴[rya]	류[ryu]	료[ryo]	랴[rya]	류[ryu]	료[ryo]
りゃ	りゅ	りょ	リャ	リュ	リョ
りゃ	りゅ	りょ	リャ	リュ	リョ
りゃ	りゅ	りょ	リャ	リュ	リョ
りゃ	りゅ	りょ	リャ	リュ	リョ
りゃ	りゅ	りょ	リャ	リュ	リョ
りゃ	りゅ	りょ	リャ	リュ	リョ
りゃ	りゅ	りょ	リャ	リュ	リョ

◆ 다음 낱말을 필순에 따라 바르게 써 봅시다.

あさ	あさ				
[아사] 朝 아침					
あと	あと				
[아또] 後 뒤					
あに	あに				
[아니] 兄 형. 오빠					
あね	あね				
[아네] 姉 언니. 누나					
あめ	あめ				
[아메] 雨 비. 엿					
いう	いう				
[유우] 言う 말하다					
いえ	いえ				
[이에] 家 집					
いく	いく				
[이꾸] 行く 가다					

◆ 다음 낱말을 필순에 따라 바르게 써 봅시다.

いけ [이께] 池 연못	いけ				
いし [이시] 石 돌	いし				
いす [이스] 椅子 의자	いす				
いつ [이쓰] 何時 언제	いつ				
いま [이마] 今 지금·현재	いま				
うた [우따] 歌 노래	うた				
うで [우데] 腕 팔. 솜씨	うで				
うみ [우미] 海 바다	うみ				

◆ 다음 낱말을 필순에 따라 바르게 써 봅시다.

うる	うる				
[우루] 売る 팔다					
えき	えき				
[에끼] 駅 역. 정거장					
おす	おす				
[오스] 押す 밀다. 누르다					
おと	おと				
[오또] 音 소리					
かう	かう				
[가우] 買 사다					
かお	かお				
[가오] 顔 얼굴					
かさ	かさ				
[가사] 傘 우산. 양산					
かじ	かじ				
[가지] 火事 불. 화재					

◆ 다음 낱말을 필순에 따라 바르게 써 봅시다.

かす [가스] 貸す 빌려주다. 돕다	かす				
かぜ [가제] 風 바람	かぜ				
かど [가도] 角・問 모서리・문	かど				
かね [가네] 金・鐘 돈・종	かね				
かべ [가베] 壁 벽	かべ				
かみ [가미] 紙・髪 종이・머리털	かみ				
かわ [가와] 川・河 내・강	かわ				
きく [기꾸] 聞く 듣다. 묻다	きく				

◆ 다음 낱말을 필순에 따라 바르게 써 봅시다.

きた	きた				
[기따] 北 북. 북쪽					
きみ	きみ				
[기미] 君 너. 자네					
きる	きる				
[기루] 切る・着る 자르다・입다					
くち	くち				
[구찌] 口 입. 말씨					
くつ	くつ				
[구쓰] 靴 신. 구두					
くび	くび				
[구비] 首 목. 고개					
くも	くも				
[구모] 雲 구름					
くる	くる				
[구루] 來る 오다					

◆ 다음 낱말을 필순에 따라 바르게 써 봅시다.

けが	けが				
[게가] 怪我 가벼운 상처					
けさ	けさ				
[게사] 今朝 오늘아침					
けす	けす				
[게스] 消す 끄다. 없애다					
こえ	こえ				
[고에] 声 목소리					
ここ	ここ				
[고꼬] 여기. 이곳					
ごご	ごご				
[고고] 午後 오후					
こめ	こめ				
[고메] 米 쌀					
これ	これ				
[고레] 이것					

◆ 다음 낱말을 필순에 따라 바르게 써 봅시다.

さき	さき				
[사끼] 先 앞. 과거					
さけ	さけ				
[사께] 酒 술. 연어					
しお	しお				
[시오] 塩 소금					
しぬ	しぬ				
[시누] 死ぬ 죽다					
すき	すき				
[스끼] 好き 좋음. 좋아함					
すな	すな				
[스나] 砂 모래					
せき	せき				
[세끼] 席 자리. 좌석					
せわ	せわ				
[세와] 世話 보살핀다					

◆ 다음 낱말을 필순에 따라 바르게 써 봅시다.

そこ [소꼬] 底 밑바닥·저기	そこ					
そら [소라] 空 하늘	そら					
だす [다스] 出す 내다. 내놓다	だす					
たつ [다쓰] 立つ 일어나다. 서다	たつ					
ちず [지즈] 地図 지도	ちず					
つぎ [쓰기] 次 다음	つぎ					
つく [쓰꾸] 着く 도착하다	つく					
つま [쓰마] 妻 아내	つま					

◆ 다음 낱말를 필순에 따라 바르게 써 봅시다.

とり	とり				
[도리] 鳥·鷄 새·닭					
とる	とる				
[도루] 取る 들다. 잡다					
ない	ない				
[나이] 無い 없다					
なか	なか				
[나까] 中 가운데. 안쪽					
なぜ	なぜ				
[나제] 何故 왜. 어째서					
にく	にく				
[니꾸] 肉 고기. 살					
にわ	にわ				
[니와] 庭 뜰.마당.정원					
ぬぐ	ぬぐ				
[누구] 脱ぐ 벗다					

◆ 다음 낱말를 필순에 따라 바르게 써 봅시다.

ぬる	ぬる				
[누루] 塗る 칠하다					
ねつ	ねつ				
[네쓰] 熱 열. 열정					
ねる	ねる				
[네루] 寝る 자다. 눕다					
のむ	のむ				
[노무] 飮む 마시다					
のる	のる				
[노루] 乘る 타다. 오르다					
はこ	はこ				
[하꼬] 箱 상자					
バス	バス				
[바스] 버스					
はな	はな				
[하나] 花・鼻 꽃・코					

◆ 다음 낱말를 필순에 따라 바르게 써 봅시다.

ばん	ばん				
[방] 晩 밤.해질무렵					
ひく	ひく				
[히꾸] 引く・彈く 연주하다. 당기다					
ひげ	ひげ				
[히게] 수염					
ひと	ひと				
[히또] 人 사람					
ビル	ビル				
[비루] 빌딩					
ふく	ふく				
[후꾸] 吹・服 불다・의복					
ふね	ふね				
[후네] 舟・船 배・선박					
ふる	ふる				
[후루] 降る 내리다. 오다					

◆ 다음 낱말를 필순에 따라 바르게 써 봅시다.

ふろ [후로] 風呂 목욕	ふろ				
へや [헤야] 部屋 방	へや				
ほし [호시] 星 별	ほし				
ほん [홍] 本 책	ほん				
まえ [마에] 前 앞. 정면	まえ				
まず [마즈] 先ず 먼저. 우선	まず				
まだ [마다] 未だ 아직	まだ				
まち [마찌] 町・街 구역・거리	まち				

◆ 다음 낱말을 필순에 따라 바르게 써 봅시다.

まど	まど				
[마도] 窓 창. 창문					
みず	みず				
[미즈] 水 물					
もし	もし				
[모시] 만약. 혹시					
もつ	もつ				
[모쓰] 持つ 들다. 가지다					
もの	もの				
[모노] 物 물건. 사물					
もん	もん				
[몽] 門 문					
やま	やま				
[야마] 山 산					
やる	やる				
[야루] 遣る 하다. 주다					

◆ 다음 낱말을 필순에 따라 바르게 써 봅시다.

ゆき	ゆき				
[유끼] 雪 눈					
ゆび	ゆび				
[유비] 指 손가락					
ゆめ	ゆめ				
[유메] 夢 꿈					
よく	よく				
[요꾸] 良く 잘. 훌륭하게					
よぶ	よぶ				
[요부] 呼ぶ 부르다. 외치다					
よる	よる				
[요루] 夜 밤					
るす	るす				
[루스] 留守 부재(不在)					
わけ	わけ				
[와께] 訳 까닭. 뜻					

◆ 다음 낱말을 필순에 따라 바르게 써 봅시다.

あおい	あおい			
[아오이] 青い 파랗다. 푸르다				
あかい	あかい			
[아까이] 赤い 붉다. 빨갛다				
あげる	あげる			
[아게루] 上げる 올리다. 쳐들다				
あした	あした			
[아스] 明日 내일				
あそぶ	あそぶ			
[아소부] 遊ぶ 놀다. 여행하다				
あたま	あたま			
[아따마] 頭 머리. 우두머리				
あちら	あちら			
[아찌라] 저쪽. 저기				
あつい	あつい			
[아쓰이] 暑い・熱い・厚い 덥다・뜨겁다・두껍다				

◆ 다음 낱말을 필순에 따라 바르게 써 봅시다.

あらう	あらう			
[아라우] 洗う 씻다. 닦다				
あるく	あるく			
[아루꾸] 歩く 걷다. 걸어가다				
いくつ	いくつ			
[이꾸쓰] 幾つ 몇개. 몇살				
いくら	いくら			
[이꾸라] 幾ら 얼마. 어느정도				
いしゃ	いしゃ			
[이샤] 醫者 의사				
いたい	いたい			
[이다이] 痛い 아프다				
いれる	いれる			
[이레루] 入れる 넣다. 집어넣다				
うしろ	うしろ			
[우시로] 後ろ 뒤. 등				

◆ 다음 낱말을 필순에 따라 바르게 써 봅시다.

うわぎ [우와기] 上着 겉옷. 웃도리	うわぎ			
えいが [에이가] 映画 영화	えいが			
えいご [에이고] 英語 영어	えいご			
おきる [오끼루] 起きる 일어나다	おきる			
おとこ [오또스] 男 남자. 사나이	おとこ			
おとな [오또나] 大人 성인. 어른	おとな			
おなじ [오나지] 同じ 같은. 같음	おなじ			
おもい [오모이] 重い 무겁다. 무거운	おもい			

◆ 다음 낱말을 필순에 따라 바르게 써 봅시다.

およぐ	およぐ			
[오요구] 泳ぐ 헤엄치다				
おりる	おりる			
[오리루] 降りる 내리다				
おわる	おわる			
[오와루] 終わる 끝나다				
おんな	おんな			
[온나] 女 여성. 여자				
かえす	かえす			
[가에스] 返す 돌려주다				
かえる	かえる			
[가에루] 帰る 돌아가다				
かない	かない			
[가나이] 家内 집사람. 아내				
かびん	かびん			
[가빙] 花瓶 화병. 꽃병				

◆ 다음 낱말을 필순에 따라 바르게 써 봅시다.

かぶる	かぶる			
[가부루] 被る 쓰다. 입다				
カメラ	カメラ			
[가메라] 사진기				
きって	きって			
[깃떼] 切手 우표				
きのう	きのう			
[기노오] 昨日 어제				
きょう	きょう			
[교오] 今日 오늘				
くすり	くすり			
[구스리] 薬 약				
くらい	くらい			
[구라이] 暗い 어둡다. …만큼				
クラス	クラス			
[구라스] 학급				

◆ 다음 낱말을 필순에 따라 바르게 써 봅시다.

くるま [구루마] 車 차. 수레	くるま			
くろい [구로이] 黑い 검다. 까맣다	くろい			
げんき [겡끼] 元気 건강한 모양. 기운	げんき			
ごぜん [고젱] 午前 오전	ごぜん			
コップ [곱뿌] 컵	コップ			
こども [고도모] 子供 어린이. 아이	こども			
ごはん [고항] 御飯 밥	ごはん			
こまる [고마루] 困る 곤란하다.	こまる			

◆ 다음 낱말을 필순에 따라 바르게 써 봅시다.

さかな	さかな			
[사까나] 魚 물고기				
さとう	さとう			
[사또오] 砂糖 사탕. 설탕				
さむい	さむい			
[사무이] 寒い 춥다. 차다				
しかし	しかし			
[시까시] 然し 그러나. 하지만				
じかん	じかん			
[지깡] 時間 시간				
しごと	しごと			
[시고또] 仕事 일. 작업				
しずか	しずか			
[시즈까] 靜か 조용한 모양				
すこし	すこし			
[스꼬시] 少し 조금. 약간				

◆ 다음 낱말을 필순에 따라 바르게 써 봅시다.

すわる	すわる			
[스와루] 座る 앉다				
せいと	せいと			
[세이또] 生徒 중 고등학생				
せびろ	せびろ			
[세비로] 背広 양복				
せまい	せまい			
[세마이] 狭い 좁다				
ぜんぶ	ぜんぶ			
[젠부] 全部 전부. 모두				
そうじ	そうじ			
[소오지] 掃除 청소. 소제				
そちら	そちら			
[소찌라] 그쪽				
たかい	たかい			
[다까이] 高い 높다. 비싸다				

◆ 다음 낱말을 필순에 따라 바르게 써 봅시다.

たのむ	たのむ			
[다노무] 頼む 부탁하다				
たぶん	たぶん			
[다붕] 多分 아마. 필경				
たべる	たべる			
[다베루] 食べる 먹다				
たまご	たまご			
[다마고] 卵 알. 달걀				
ちかい	ちかい			
[지까이] 近い 가깝다				
ちがう	ちがう			
[지가이] 違う 틀리다. 다르다				
つかう	つかう			
[쓰까우] 使う 사용하다				
つくえ	つくえ			
[쓰꾸에] 机 책상				

◆ 다음 낱말을 필순에 따라 바르게 써 봅시다.

つくる [쓰꾸루] 作る 만들다	つくる			
つよい [쓰요이] 強い 강하다	つよい			
てがみ [데가미] 手紙 편지	てがみ			
できる [데끼루] 出來る 할 수 있다	できる			
でぐち [데구찌] 出口 출입구	でぐち			
テレビ [테레비] 텔레비전	テレビ			
てんき [뎅끼] 天気 날씨	てんき			
でんき [뎅끼] 電気 전기	でんき			

◆ 다음 낱말을 필순에 따라 바르게 써 봅시다.

でんわ [뎅와] 電話 전화	でんわ			
どうも [도오모] 아무리. 매우	どうも			
とおい [도오이] 遠い 멀다	とおい			
とけい [도께이] 時計 시계	とけい			
となり [도나리] 隣 이웃. 바로 옆	となり			
とまる [도마루] 止まる 멈추다. 그치다	とまる			
どんな [돈나] 어떤	どんな			
ながい [나가이] 長い 길다	ながい			

◆ 다음 낱말을 필순에 따라 바르게 써 봅시다.

なまえ	なまえ			
[나마에] 名前 이름				
ならう	ならう			
[나라우] 習う 익히다 배우다				
はいる	はいる			
[하이루] 入る 들어가다				
はがき	はがき			
[하가끼] 葉書 엽서				
はしる	はしる			
[하시루] 走る 달리다				
はなす	はなす			
[하나스] 話す 이야기하다.				
はやい	はやい			
[하야이] 速い 빠르다				
はれる	はれる			
[하레루] 晴れる 개다. 밝아지다				

◆ 다음 낱말을 필순에 따라 바르게 써 봅시다.

ひとり	ひとり			
[히또리] 一人 한사람				
ひろい	ひろい			
[히로이] 広い 넓다				
ふとい	ふとい			
[후또이] 太い 굵다. 뚱뚱하다				
ふるい	ふるい			
[후로이] 古い 오래 되다				
ペーヅ	ペーヅ			
[페에지] 페이지				
ベッド	ベッド			
[벳도] 침대				
べんり	べんり			
[벤리] 便利 편리				
ぼうし	ぼうし			
[보오시] 帽子 모자				

◆ 다음 낱말을 필순에 따라 바르게 써 봅시다.

ほしい	ほしい			
[호시이] 欲しい 갖고 싶다				
ほそい	ほそい			
[호소이] 細い 가늘다. 좁다				
ホテル	ホテル			
[호떼루] 호텔				
まがる	まがる			
[마가루] 曲る 구부러지다				
まずい	まずい			
[마즈이] 不味い 맛이 없다				
まるい	まるい			
[마루이] 丸い 둥글다. 원만하다				
みがく	みがく			
[미가꾸] 磨く 닦다				
みんな	みんな			
[민나] 皆 모두. 전부				

◆ 다음 낱말을 필순에 따라 바르게 써 봅시다.

むこう	むこう			
[무꼬오] 向こう 맞은편. 상대방				
めがね	めがね			
[메가네] 眼鏡 안경				
もっと	もっと			
[못또] 더. 더욱				
やさい	やさい			
[야사이] 野菜 야채. 채소				
やすい	やすい			
[야스이] 安・易 싸다・쉽다				
やすむ	やすむ			
[야스무] 休む 쉬다. 휴식하다				
ゆうべ	ゆうべ			
[유우베] 昨夜 어젯밤				
りっぱ	りっぱ			
[릿빠] 立派 뛰어남. 훌륭함				

◆ 다음 낱말을 필순에 따라 바르게 써 봅시다.

わかい	わかい			
[와까이] 若い 젊다. 어리다				
わかす	わかす			
[와까스] 沸かす 끓이다. 데우다				
わかる	わかる			
[와까루] 分かる 알다. 이해하다				
わたし	わたし			
[와따시] 私 나. 저				
わたす	わたす			
[와따스] 渡す 넘기다. 주다				
わらう	わらう			
[와라우] 笑う 웃다. 놀리다				
わるい	わるい			
[와루이] 惡い 나쁘다				
われる	われる			
[와레루] 割れる 깨지다. 나빠지다				

◆ 다음 낱말을 필순에 따라 바르게 써 봅시다.

あかるい	あかるい		
[아까루이] 明るい 밝다. 능통하다			
あさって	あさって		
[아삿떼] 明後日 모레			
あぶない	あぶない		
[아부나이] 危ない 위험하다. 위태롭다			
いちばん	いちばん		
[이찌방] 一番 제일. 가장. 첫째			
いっしょ	いっしょ		
[잇쇼] 一緒 함께. 더불어			
いりぐち	いりぐち		
[이리구찌] 入り口 출입구. 첫머리			
いろいろ	いろいろ		
[이로이로] 色色 여러 가지. 가지각색			
えんぴつ	えんぴつ		
[엔삐쓰] 鉛筆 연필			

◆ 다음 낱말을 필순에 따라 바르게 써 봅시다.

おおぜい	おおぜい		
[오오제이] 大勢 많은 사람			
おくさん	おくさん		
[오꾸상] 奥さん 부인			
おしえる	おしえる		
[오시에루] 教える 가르치다. 알려주다			
おぼえる	おぼえる		
[오보에루] 覚える 기억하다. 외우다			
おんがく	おんがく		
[옹가꾸] 音楽 음악			
がいこく	がいこく		
[가이꼬꾸] 外国 외국			
かいしゃ	かいしゃ		
[가이샤] 会社 회사			
がくせい	がくせい		
[각세이] 学生 학생			

◆ 다음 낱말을 필순에 따라 바르게 써 봅시다.

がっこう	がっこう		
[각꼬오] 学校 학교			
きたない	きたない		
[기따나이] 汚い 더럽다. 지저분하다			
きょねん	きょねん		
[쿄넹] 去年 작년. 지난 해			
ください	ください		
[구다사이] 주십시오			
くだもの	くだもの		
[구다모노] 果物 과일			
けっこう	けっこう		
[겟꼬오] 結構 훌륭함. 좋음			
こうえん	こうえん		
[고오엥] 公園 공원			
こうばん	こうばん		
[고오방] 交番 파출소			

◆ 다음 낱말을 필순에 따라 바르게 써 봅시다.

こたえる	こたえる		
[고따에루] 答える 대답하다			
こんばん	こんばん		
[곤방] 今晩 오늘밤			
さくぶん	さくぶん		
[사꾸붕] 作文 작문			
しつもん	しつもん		
[시쓰몽] 質問 질문			
しゃしん	しゃしん		
[샤싱] 写真 사진			
しゅじん	しゅじん		
[슈징] 主人 주인			
じょうず	じょうず		
[죠오즈] 上手 잘하다. 능통하다			
じょうぶ	じょうぶ		
[죠오부] 丈夫 튼튼하다. 건강하다			

◆ 다음 낱말을 필순에 따라 바르게 써 봅시다.

しんぶん [신붕] 新聞 신문	しんぶん		
すずしい [스즈시이] 凉しい 시원하다. 상쾌하다	すずしい		
スポーツ [스포오쓰] 스포오츠	スポーツ		
せっけん [셋껭] 비누	せっけん		
せんせい [센세이] 先生 선생님	せんせい		
せんたく [센따꾸] 洗濯 세탁. 빨래	せんたく		
それから [소레까라] 그 다음에. 그리고	それから		
それでも [소레데모] 그래도	それでも		

◆ 다음 낱말을 필순에 따라 바르게 써 봅시다.

だいがく	だいがく		
[다이가꾸] 大学 대학			
だいすき	だいすき		
[다이스끼] 大好き 아주 좋아함			
たいせつ	たいせつ		
[다이세쓰] 大切 중요함. 귀중함			
たいてい	たいてい		
[다이떼이] 大抵 대개. 대강. 대부분			
たいへん	たいへん		
[다이헹] 대단히. 매우. 몹시			
たくさん	たくさん		
[다꾸상] 択山 많음. 잔뜩			
たてもの	たてもの		
[다떼모노] 建物 건물			
たのしい	たのしい		
[다노시이] 楽しみ 즐거움			

◆ 다음 낱말을 필순에 따라 바르게 써 봅시다.

たべもの	たべもの		
[다베모노] 食べ物 음식			
ちいさい	ちいさい		
[지이사이] 小さい 작다			
ちかてつ	ちかてつ		
[지까떼쓰] 地下鉄 지하철			
ちゃいろ	ちゃいろ		
[쟈이로] 茶色 다갈색			
ちゃわん	ちゃわん		
[쟈왕] 찻잔. 밥공기			
ちゃんと	ちゃんと		
[잔또] 빈틈없이. 틀림없이			
ちょうど	ちょうど		
[쬬오도] 丁度 마침. 꼭 알맞게			
ちょっと	ちょっと		
[쫏또] 一寸 잠깐. 잠시. 조금			

◆ 다음 낱말을 필순에 따라 바르게 써 봅시다.

つかれる	つかれる		
[쓰까레루] 疲れる 지치다. 피로해지다			
つとめる	つとめる		
[쓰또메루] 勤める 근무하다. 일하다			
つめたい	つめたい		
[쓰메따이] 冷たい 차갑다. 냉담하다			
テーヅル	テーヅル		
[데에부루] 테이블			
でかける	でかける		
[데까께루] 出掛ける 나가다. 외출하다			
デパート	デパート		
[데빠아또] 백화점			
どうして	どうして		
[동시떼] 왜. 어떻게			
どうぶつ	どうぶつ		
[도오부쯔] 動物 동물			

◆ 다음 낱말을 필순에 따라 바르게 써 봅시다.

ときどき	ときどき		
[도끼도끼] 時々 그때 그때. 이따금			
ともだち	ともだち		
[도모다찌] 友達 친구			
ならべる	ならべる		
[나라베루] 並べる 한줄로 늘어놓다			
のみもの	のみもの		
[노미모노] 飲み物 음료수. 마실 것			
はいざら	はいざら		
[하이자라] 灰皿 재떨이			
はじまる	はじまる		
[하지마루] 始まる 시작되다			
はじめて	はじめて		
[하지메떼] 初めて 처음으로. 비로소			
はたらく	はたらく		
[하따라꾸] 働く 일하다			

◆ 다음 낱말을 필순에 따라 바르게 써 봅시다.

ヘソカケ	ヘソカケ		
[항까찌] 손수건			
ばんごう	ばんごう		
[방고오] 番号 번호			
はんぶん	はんぶん		
[함붕] 半分 절반			
ひこうき	ひこうき		
[히꼬오끼] 飛行機 비행기			
びょうき	びょうき		
[뵤오끼] 病気 병			
フィルム	フィルム		
[휘루무] 필름			
ふうとう	ふうとう		
[후우또오] 封筒 봉투			
ぶたにく	ぶたにく		
[부따니꾸] 豚肉 돼지고기			

◆ 다음 낱말을 필순에 따라 바르게 써 봅시다.

まいあさ	まいあさ		
[마이아사] 毎朝 매일아침			
まっすぐ	まっすぐ		
[맛스구] 곧장. 똑바름			
みじかい	みじかい		
[미지까이] 短い 짧다			
もしもし	もしもし		
[모시모시] 여보세요			
もちろん	もちろん		
[모찌롱] 勿論 물론			
もんだい	もんだい		
[몬다이] 問題 문제			
ゆうがた	ゆうがた		
[유우가따] 夕方 저녁때. 황혼			
ゆうめい	ゆうめい		
[유우메이] 有名 유명			

◆ 다음 낱말을 필순에 따라 바르게 써 봅시다.

ようふく	ようふく		
[요오후꾸] 洋服 양복			
らいげつ	らいげつ		
[라이게쓰] 来月 다음달			
らいねん	らいねん		
[라이넹] 来年 내년. 다음해			
らんよう	らんよう		
[랑요오] 濫用 남용			
りょうり	りょうり		
[료오리] 料理 요리			
りょこう	りょこう		
[료꼬오] 旅行 여행			
わすれる	わすれる		
[와스레루] 忘れる 잊다			
わりあい	わりあい		
[와리아이] 割合 비교적			

◆ 다음 낱말를 필순에 따라 바르게 써 봅시다.

あたたかい 따뜻하다	あたたかい	
あたらしい 새롭다. 새로운	あたらしい	
いそがしい 조급하다. 바쁘다	いそがしい	
うつくしい 아름답다	うつくしい	
うんてんしゅ 운전사	うんてんしゅ	
えいがかん 영화관	えいがかん	
エスカレータ 에스컬레이터	エスカレータ	
エレベーター 엘리베이터	エレベーター	

◆ 다음 낱말을 필순에 따라 바르게 써 봅시다.

おうせつま 응접실	おうせつま	
オートバイ 오토바이	オートバイ	
おかあさん 어머니	おかあさん	
おくじょう 옥상	おくじょう	
おくりもの 선물	おくりもの	
おじいさん 할아버지	おじいさん	
おてあらい 화장실	おてあらい	
おとうさん 아버지	おとうさん	

◆ 다음 낱말를 필순에 따라 바르게 써 봅시다.

낱말	쓰기	
おとこのこ 소년. 남자아이	おとこのこ	
おばあさん 할머니	おばあさん	
おもいだす 생각해내다	おもいだす	
おもしろい 유쾌하고 즐겁다	おもしろい	
おんなのこ 소녀	おんなのこ	
かたづける 정돈하다	かたづける	
かんがえる 생각하다	かんがえる	
きっさてん 찻집	きっさてん	

◆ 다음 낱말를 필순에 따라 바르게 써 봅시다.

きゅうこう 급행	きゅうこう	
ぎゅうにく 쇠고기	ぎゅうにく	
ぎゅうにゅう 우유	ぎゅうにゅう	
きょういく 교육	きょういく	
きょうだい 형제	きょうだい	
けんきゅう 연구	けんきゅう	
こうむいん 공무원	こうむいん	
じどうしゅ 자동차	じどうしゅ	

◆ 다음 낱말를 필순에 따라 바르게 써 봅시다.

しゃちょう 사장	しゃちょう	
しゅうかん 습관	しゅうかん	
じゅうしょ 주소	じゅうしょ	
じゅぎょう 수업	じゅぎょう	
しゅくだい 숙제	しゅくだい	
しゅっせき 출석	しゅっせき	
しゅっぱつ 출발	しゅっぱつ	
しょうせつ 소설	しょうせつ	

◆ 다음 낱말을 필순에 따라 바르게 써 봅시다.

しんぶんしゃ 신문사	しんぶんしゃ	
すばらしい 훌륭하다. 굉장하다	すばらしい	
せんしゅう 지난주	せんしゅう	
そつぎょう 졸업	そつぎょう	
だいがくせい 대학생	だいがくせい	
たいしかん 대사관	たいしかん	
だいどころ 부엌	だいどころ	
たんじょうび 생일	たんじょうび	

◆ 다음 낱말을 필순에 따라 바르게 써 봅시다.

ちゅうしゃ 주차	ちゅうしゃ	
つかまえる 포착하다. 붙잡다	つかまえる	
つまらない 재미없다. 하찮다	つまらない	
できるだけ 가능한 한	できるだけ	
てんきよほう 일기예보	てんきよほう	
てんらんかい 전람회	てんらんかい	
どうぶつえん 동물원	どうぶつえん	
としょかん 도서관	としょかん	

◆ 다음 낱말를 필순에 따라 바르게 써 봅시다.

낱말	쓰기	
とりかえる 교환하다	とりかえる	
なつやすみ 여름 방학. 여름 휴가	なつやすみ	
にゅういん 입원	にゅういん	
にゅうがく 입학	にゅうがく	
にんぎょう 인형	にんぎょう	
のりかえる 갈아타다. 바꿔타다	のりかえる	
はずかしい 부끄럽다	はずかしい	
ばんごはん 저녁식사	ばんごはん	

◆ 다음 낱말를 필순에 따라 바르게 써 봅시다.

ひこうじょう 비행장	ひこうじょう	
びじゅつかん 미술관	びじゅつかん	
びっくりする 깜짝 놀라다	びっくりする	
びょういん 병원	びょういん	
ひるごはん 점심식사	ひるごはん	
ふくしゅう 복습	ふくしゅう	
べんきょう 공부	べんきょう	
ボールペン 볼펜	ボールペン	

◆ 다음 낱말을 필순에 따라 바르게 써 봅시다.

まちがえる 틀리다. 잘못되다	まちがえる	
まんねんひつ 만년필	まんねんひつ	
めずらしい 드물다. 희귀하다	めずらしい	
やわらかい 부드럽다	やわらかい	
ゆうびんきょく 우체국	ゆうびんきょく	
りょうしん 부모	りょうしん	
りょうほう 양쪽	りょうほう	
れいぞうこ 냉장고	れいぞうこ	

◆ 다음 낱말를 필순에 따라 바르게 써 봅시다.

いち 1	いち		
に 2	に		
さん 3	さん		
し(よん) 4	し(よん)		
ご 5	ご		
ろく 6	ろく		
しち(なな) 7	しち(なな)		
はち 8	はち		
く(きゅう) 9	く(きゅう)		
じゅう 10	じゅう		
にじゅう 20	にじゅう		
さんじゅう 30	さんじゅう		
ひゃく 백	ひゃく		
せん 천	せん		
いちまん 만	いちまん		
ひとつ 하나	ひとつ		

◆ 다음 낱말을 필순에 따라 바르게 써 봅시다.

ふたつ 둘	ふたつ		
みっつ 셋	みっつ		
よっつ 넷	よっつ		
いつつ 다섯	いつつ		
むっつ 여섯	むっつ		
ななつ 일곱	ななつ		
やっつ 여덟	やっつ		
ここのつ 아홉	ここのつ		
とお 열	とお		
にちようび 일요일	にちようび		
けつようび 월요일	けつようび		
がようび 화요일	がようび		
すいようび 수요일	すいようび		
もくようび 목요일	もくようび		
きんようび 금요일	きんようび		
どようび 토요일	どようび		

◆ 다음 낱말를 필순에 따라 바르게 써 봅시다.

いちがつ 1월	いちがつ		
にがつ 2월	にがつ		
さんがつ 3월	さんがつ		
しがつ 4월	しがつ		
ごがつ 5월	ごがつ		
ろくがつ 6월	ろくがつ		
しちがつ 7월	しちがつ		
はちがつ 8월	はちがつ		
くがつ 9월	くがつ		
じゅうがつ 10월	じゅうがつ		
じゅういちがつ 11월	じゅういちがつ		
じゅうにがつ 12월	じゅうにがつ		
はる 봄	はる		
なつ 여름	なつ		
あき 가을	あき		
ふゆ 겨울	ふゆ		

◆ 다음 문장을 필순에 따라 바르게 써 봅시다.

おはようございます。 안녕하세요(아침인사)

おはようございます。	おはようございます。

こんにちは。 안녕하세요(낮 인사)

こんにちは。	こんにちは。

こんばんは。 안녕하세요(밤 인사)

こんばんは。	こんばんは。

◆ 다음 문장을 필순에 따라 바르게 써 봅시다.

はい、そうです。 예, 그렇습니다.

はい、そうです。	はい、そうです。

いいえ、そうでは ありません。
아니오. 그렇지 않습니다.

いいえ、そうでは ありません。

はい 分かりました。 네, 알겠습니다.

はい 分かりました。

◆ 다음 문장을 필순에 따라 바르게 써 봅시다.

いいえ まだ わかりません。
아니오, 아직 모르겠습니다.

いいえ まだ わかりません。

もう いちど はなして ください。
다시 한번 말씀해 주세요.

もう いちど はなして ください。

コーラを 一杯いただけませんか。
콜라 한잔 주시겠어요?

コーラを 一杯いただけませんか。

◆ 다음 문장을 필순에 따라 바르게 써 봅시다.

いらっしゃいませ。 어서 오십시오.

いらっしゃいませ。　　いらっしゃいませ。

はじめまして。 처음 뵙겠습니다.

はじめまして。　　はじめまして。

あえて うれしいです。 만나서 반갑습니다.

あえて うれしいです。

◆ 다음 문장을 필순에 따라 바르게 써 봅시다.

よろしく おねがいします。 잘 부탁드립니다.

よろしく おねがいします。

行ってまいります。 다녀오겠습니다.

行ってまいります。

おかえりはおそいんですか。 늦게 돌아오십니까?

おかえりはおそいんですか。

◆ 다음 문장을 필순에 따라 바르게 써 봅시다.

いいえ、すぐ かえります。 아니오, 곧 돌아옵니다.

いいえ、すぐ かえります。

じゃ、行ってらっしゃい。 그럼, 다녀오십시오.

じゃ、行ってらっしゃい。

このごろ いかがですか。 요새 어떠신지요?

このごろ いかがですか。

◆ 다음 문장을 필순에 따라 바르게 써 봅시다.

少し、具合が わるいんです。
조금 형편이 좋지 않습니다.

少し、具合が わるいんです。

だいじょらぶです。   괜찮습니다.

だいじょらぶです。

今日は 日曜日なのに、学校へ 行くんですか。
오늘은 일요일인데 학교에 갑니까?

今日は 日曜日なのに、学校へ 行くんですか。

◆ 다음 문장을 필순에 따라 바르게 써 봅시다.

夏になると、雨が たくさん ふります。
여름이 되면 비가 많이 내립니다.

夏になると、雨が たくさん ふります。

薬局は どこですか。 약국은 어디입니까?

薬局は どこですか。

あの たてものの 一階に あります。
저 건물 1층에 있습니다.

あの たてものの 一階に あります。

◆ 다음 문장을 필순에 따라 바르게 써 봅시다.

かぜぐすりを ください。 감기약을 주십시오.

かぜぐすりを ください。

かのじょは 車を ほしがっています。
그녀는 차를 갖고 싶어 합니다.

かのじょは 車を ほしがっています。

春に なると さくらが さきます。
봄이 되면 벚꽃이 핍니다.

春に なると さくらが さきます。

◆ 다음 문장을 필순에 따라 바르게 써 봅시다.

おいくらですか。 얼마입니까?

おいくらですか。

6万5千円です。 6만5천 엔 입니다.

6万5千円です。

ええ、たかすぎますね。 예, 너무 비싸군요.

ええ、たかすぎますね。

◆ 다음 문장을 필순에 따라 바르게 써 봅시다.

もっとやすいのを見せてください。
조금 더 싼 것을 보여 주십시오.

もっとやすいのを見せてください。

ゆっくり 話して ください。
천천히 말씀해 주세요.

ゆっくり 話して ください。

これは 何ですか。 이것은 무엇입니까?

これは 何ですか。

◆ 다음 문장을 필순에 따라 바르게 써 봅시다.

友だちへの おみやばです。
친구에게 줄 선물입니다.

友だちへの おみやばです。

窓が開いています。 창문이 열려 있습니다.

窓が開いています。

すみません。主文したいのです。
여기요. 주문 받으세요.

すみません。主文したいのです。

◆ 다음 문장을 필순에 따라 바르게 써 봅시다.

早くできる ものは 何ですか?
빨리 되는 요리는 무엇인가요?

早くできる ものは 何ですか?

定食は ありますか?　정식 있나요.

定食は ありますか?

食後に コーヒーを お願いします。
식후에 커피를 부탁해요.

食後に コーヒーを お願いします。